W0235744

Charlotte Degen

Guten Morgen, lieber Kastanienbaum

Gespräche um Anne Frank

Illustriert von Sabine Waldmann-Brun

Die Deutsche Bibliothek – CIP-Einheitsaufnahme

Degen, Charlotte:
Guten Morgen, lieber Kastanienbaum : Gespräche um Anne Frank / Charlotte Degen.
Ill. von Sabine Waldmann-Brun. – Lahr : Johannis, 1994
  (Johannis-Kinderbücher ; 06104)
  ISBN 3-501-06104-8
NE: GT

Johannis-Kinderbücher 06104
© 1994 by Verlag der St.-Johannis-Druckerei, Lahr
Gesamtherstellung: St.-Johannis-Druckerei, 77922 Lahr
Printed in Germany 11450/1994

Anne in Frankfurt

Hallo, ich bin Rike! Ich besuche die vierte Klasse in der Anne-Frank-Schule. Bald habe ich Geburtstag. Ungeduldig zähle ich die Tage: noch vier . . . drei . . . zwei Tage. Endlich ist es soweit! Nur noch einmal schlafen, dann ist der 12. Juni, und ich bin zehn Jahre alt.
Der lang ersehnte Tag ist da! Ich freue mich! Heute besuchen mich Opa und Oma. Sie wollen mir zum Geburtstag gratulieren. Um die Mittagszeit kommt die Post. Sicher ist diesmal auch etwas für mich dabei. Nachmittags feiere ich mit meiner Familie. Der Geburtstagstisch ist schon festlich geschmückt. Leider kann Papa nicht mit dabei sein. Er muß zur Arbeit. Schade!
Wenn Oma bei uns ist, schaut sie mit mir zusammen mein Fotoalbum an. Mama hat darin viele Bilder von mir gesammelt und manches aufgeschrieben: wie ich mich entwickelt habe und kleine lustige Erlebnisse von mir. Jedesmal sagt Oma ganz entzückt: »Kind, wie warst du da noch klein! Du bist ja wieder ein ganzes Stück gewachsen. Ja, an deinen Fotos kann man sehen, wie die Zeit vergeht!«
Bald ist das Album voll. Mama hat mir versprochen, daß ich, wenn ich größer bin, ein eigenes Fotoalbum bekomme, das ich selbst führen darf. Aber vorher wünsche ich mir noch ein schönes Poesiealbum wie ich es bei meiner Freundin Lena gesehen habe. Hoffentlich muß ich nicht mehr lange darauf warten!
Morgen darf ich meine Freunde und Freundinnen einladen. Lena, Aysche und Mustafa aus meiner Klasse kommen auch. Da wird nochmals richtig gefeiert, gespielt und gelacht.

Heute haben noch andere Kinder Geburtstag. Ob Mama jemanden kennt, der auch am 12. Juni zur Welt kam?

Erst abends fällt es mir wieder ein, daß ich Mama noch etwas Wichtiges fragen wollte: »Kennst du jemanden, der am selben Tag wie ich Geburtstag hat?« Mama erinnert sich sofort:

»*Anne Frank.*«

Oh, so heißt ja auch meine Schule! Meine Lehrerin hat uns schon von Anne erzählt. Ich weiß, daß Anne ein jüdisches Mädchen war, das in seinem Leben Schreckliches durchgemacht hat. Mama zeigt mir ein Bild von Anne Frank.

Anne wäre an meinem Geburtstag 65 Jahre alt geworden, erzählt mir Mama. Ich kann das kaum glauben! Dieses Mädchen soll über 60 Jahre alt sein! Eine Anne, die so alt ist, kann ich mir überhaupt nicht vorstellen. Mama meint, Anne würde heute so aussehen wie meine Oma. Ich stelle mir vor, Anne hätte graumelierte Haare und Falten im Gesicht. Ob es von Anne auch ein Album gibt?

Am nächsten Abend, nachdem mir Mama gute Nacht gesagt hat, frage ich sie danach. Mama holt aus dem großen Bücherschrank ein Buch heraus. Sie sagt: »Ich möchte dir aus Annes Leben erzählen und einige Bilder dazu zeigen.

Hier siehst du Familie Frank: Vater Otto Frank, die Mutter Edith Frank und die Tochter Margot.

Vater Frank war Direktor einer Bank, die im Familienbesitz war. Mutter Frank führte den Haushalt. Kathi, das Haus- und Kindermädchen, und eine Zugehfrau halfen ihr. Die Familie Frank wohnte damals in der großen Stadt Frankfurt am Main im Marbachweg 307. Später zogen sie in die Ganghoferstraße 24.

Am Abend vor dem 12. Juni brachte Herr Frank seine Frau in die Klinik. In dieser Nacht mußte das Kindermädchen Kathi die erst drei Jahre alte Margot alleine zu Bett bringen. Papa Frank versprach anzurufen, sobald das Baby auf der Welt ist.

Margot war an diesem Abend so aufgeregt, daß sie fast nicht einschlafen konnte. Und morgens wachte sie schon in aller Frühe auf.

Ob Papa schon angerufen hatte? Krrr . . . läutet das Telefon!
Margot springt aus dem Bett. Kathi steht schon am Telefon und nimmt das Gespräch entgegen. Margot drängt sich dicht an den Hörer. Jetzt kann sie Papas Stimme deutlich hören: ›Hallo, ihr beiden, wir haben ein kleines süßes Baby, es heißt Annelies Marie. Soeben ist es zur Welt gekommen. Mama geht es gut!‹ Margot jauchzt und bricht in einen wilden Tanz aus und singt glücklich: ›Ich habe eine Schwester, sie heißt Anne! Ich habe eine Schwester . . .!‹« erzählt mir Mama.
Am 12. Juni 1929 um 7 Uhr 30 kam das Baby Annelies Marie zur Welt. Später nannten es alle Anne.
»Wie war das denn damals bei mir?« will ich von Mama wissen.
»Genauso wie ich es von Anne erzählt habe, war es bei dir. Alle haben auf dich gewartet, und wir haben uns alle über dich gefreut«, sagt Mama und drückt mich fest an sich.
»Anne ist herangewachsen wie du. Auch ihre Eltern freuten sich über ihr erstes Lächeln und ihr erstes Zähnchen. Ihre Tippelschrittchen wurden sicherlich auch bewundert. Bestimmt waren ihre Eltern genauso stolz auf Annes erste Sprechversuche wie wir, als du zum ersten Mal ›Mama‹ gesagt hast! Vielleicht hat Anne zuerst so etwas Ähnliches wie Papa oder Kathi aussprechen können. Wir wissen es nicht. Eines hast du sicher schon bemerkt: Anne war ein Kind wie du. Sie wurde genau wie du in ihre Familie hineingeboren.
Und gewiß«, meint Mama, »hat Annes Mama auch wie ich bei dir festgelegt, wann Anne schlafen muß.« Mama wickelt mich in meine warme Zudecke, wünscht mir eine gute Nacht und löscht das Licht aus. Als ich so im Dunkeln liege, denke ich: »Mit meiner Mama und meinem Papa habe ich Glück gehabt. Sie haben mich ganz lieb!«
»Heute abend habe ich wenig Zeit. Wir schauen uns deshalb nur einige Bilder von Anne an«, erklärt mir Mama am nächsten Abend. Ich denke, Anne hätte eine Freundin von mir sein können. Vielleicht wäre sie meine beste Freundin geworden. In der Klasse hätte ich mich neben sie gesetzt. Nachmittags hätte ich mit ihr und den anderen Freundinnen zusammen Hüpfseil gespielt. Mama gibt mir noch

einen Gutenachtkuß und läßt mich mit meinem Traum, eine Freundin von Anne zu sein, einschlafen.

Zwei Tage muß ich warten, dann erst erzählt mir Mama weiter von Anne. Es ist eine schlimme wahre Geschichte.

»Viele Menschen in unserem Land litten große Not und waren bettelarm. Väter hatten keine Arbeit. Mütter wußten oft nicht, womit sie ihre hungrigen Kinder satt machen sollten. Die meisten waren über diese Not verärgert und verbittert. Sie gaben der schwachen Regierung die Schuld. Sie wünschten sich einen starken Mann, der ihr Land regieren sollte. Diesen Mann sahen sie dann in Adolf Hitler, dem Führer der Nationalsozialistischen Deutschen Arbeiterpartei, kurz NSDAP genannt. Er versprach dem Volk:

›Wenn ich an die Regierung komme, wird alles besser! Alle werden Arbeit und Essen haben. Ordnung wird in Deutschland einkehren. Ihr alle werdet zu Wohlstand kommen.‹

Hitler versuchte den Juden die Schuld für das Elend zuzuschieben. Er hetzte das Volk auf:

›Die Juden sind an unserem Unglück schuld, sie sollen keine Deutschen mehr sein dürfen. Ausrotten muß man sie, dann erst können die Deutschen besser leben!‹

Und das wurde leider von vielen geglaubt. Jetzt hatte das Volk einen Sündenbock gefunden.«

Gestern hat unsere Lehrerin gesagt: »Wenn ihr immer alles auf unsere ausländischen Mitschüler schiebt oder auf Martin, der sich nicht wehren kann, macht ihr sie zu Sündenböcken. Das dürft ihr nicht zulassen. Das darf nicht einreißen!«

»Eure Lehrerin hat wohl beobachtet«, vermutet Mama, »daß ihr fast immer, wenn in der Klasse etwas vorkommt, sofort zu wissen glaubt, wer schuldig ist oder wer es gewesen sein könnte. Es fiel ihr bestimmt auch auf, daß ihr immer dieselben Schüler verdächtigt, ohne lange zu überlegen – vielleicht nur, damit der Verdacht nicht auf euch fällt. Ich habe den Eindruck, ihr habt gegen einige Mitschüler *Vorurteile:* Ihr

seid die *Guten*, die anderen die *Bösen*. Gibt es das überhaupt, *die* Guten – *die* Bösen? Mit diesen vorschnellen Urteilen wird einer leicht zum Sündenbock!«

Am Abend sitzen wir noch zusammen. Mama legt ein großes Zeichenblatt auf den Tisch. »Was machen wir jetzt?« frage ich.

»Wir stellen uns vor, dieses Blatt sei eine Hauswand, auf der lauter angefangene Sätze stehen, die andere verurteilen. Du wirst bald merken, daß auch dir manche Satzanfänge gar nicht so fremd sind. Vielleicht hast du den einen oder anderen schon auf einer Hauswand gelesen oder auch selbst angewendet:

Das kommt alles durch die . . .
Wenn die . . . nicht wären, dann . . .
Alle . . . sind . . .
Die . . . sind alle gleich.
Den . . . haben wir alles zu verdanken . . .
Alle Ausländer sind . . .«

Am darauffolgenden Tag bettele ich: »Erzähl mir heute nach den Hausaufgaben weiter von Anne, bitte, bitte!« Mama nimmt sich tatsächlich Zeit und setzt sich zu mir.

»Am 30. Januar 1933«, beginnt sie, »an einem Tag wie jeder andere war Familie Frank abends bei Freunden eingeladen. Während die Kinder spielten, unterhielten sich die Erwachsenen. Nebenbei ertönte leise im Hintergrund aus dem Radio Marschmusik. Sobald die Musik verstummte, horchten alle auf. Gespannt folgte man den Nachrichten. Alle hielten die Luft an, als der Reporter die Meldung durchgab: ›Soeben wurde Adolf Hitler zum Reichskanzler ernannt!‹ Lautes Jubeln, Schreien und Sieg-Heil-Rufen war zu hören. Der Reporter berichtete: ›In einem langen Fackelzug marschieren Männer in schwarzen Schaftstiefeln und braunen Hemden durch Berlin. Menschen winken am Straßenrand und aus den Fenstern. Laut dröhnt die Stimme Adolf Hitlers durch den Lautsprecher: Gebt mir vier Jahre Zeit.‹ So erinnerte sich Herr Frank später an diesen Abend.

Margot und Anne bemerkten, daß alle wie erstarrt dasaßen. Das ernste Gesicht ihres Vaters beunruhigte sie. Unvermittelt drängten ihre Eltern zum Aufbruch. Wortlos machte sich die Familie Frank auf den Heimweg.

›Was ist geschehen?‹ fragten sich die Kinder.

In der folgenden Zeit hörten sie, was sich die Erwachsenen erzählten: ›Die Braunen haben diese Nacht wieder randaliert‹, berichtete Kathi, das Hausmädchen.

Auf der Straße beobachteten Margot und Anne, daß die Leute zum Gruß ihre Hand hoben. Statt mit ›Guten Tag‹ grüßten sie sich mit ›Heil Hitler‹. ›Wir üben in der Schule den Hitlergruß‹, erzählten die Nachbarskinder. Vor dem Geschäft des jüdischen Kaufmanns stand seit kurzem ein Schild: ›Deutsche, kauft nicht bei Juden!‹

Einige Monate später hörten sie ihre Eltern darüber sprechen, daß in Städten und Dörfern jüdische Geschäfte demoliert und verwüstet wurden. Auf einmal war es eine Schande, mit Juden befreundet zu sein. Sogar den Kindern wurde das beigebracht. In manchen Schulen durften christliche Kinder nicht mehr neben jüdischen Kindern sitzen. Margot bemühte sich, das bißchen, das sie begreifen konnte, Anne zu erklären. Anne jedoch verstand noch nicht einmal das. Sie war zu klein, erst 3½ Jahre alt. Sie spürte aber, da geschah etwas, das auch Papa und Mama traurig machte.«

Wenn ich nicht mehr neben Aysche sitzen dürfte, wäre ich sehr traurig. Und für Aysche wäre es schrecklich, wenn jeder sich von ihr wegsetzen wollte. In unserer Klasse gibt es auch Kinder, die nicht gerne neben Ausländerkindern sitzen wollen.

Als Lena kürzlich ihr Poesiealbum in der Klasse herumreichte, hoffte Aysche, daß auch sie ein Verschen eintragen dürfte. Aber Lena sagte nein! Manche Eltern verbieten es sogar! Ist das nicht traurig?

Mama findet das auch nicht gut. Sie meint dazu: »Das muß in eurer Klasse nicht so bleiben. Dagegen könnt ihr gemeinsam etwas tun!«

»Herrn Frank überfiel ein großes Unbehagen, als er von den Aktionen der Nazis hörte. (Nazis sind Mitglieder der NSDAP. Sie haben Hitler Treue und Gehorsam geschworen.) Diese forderten das Volk auf:

›Deutsche, kauft nicht bei Juden!
Laßt euch nicht mehr von jüdischen Ärzten behandeln!
Sucht keine jüdischen Rechtsanwälte auf!
Schließt Juden von deutschen Schulen und Universitäten aus!‹

Auch wurden Verordnungen Hitlers bekanntgegeben, wie zum Beispiel:

›Juden müssen aus dem Staatsdienst und aus allen öffentlichen Ämtern entlassen werden!‹

›Was wird sich diese Regierung noch einfallen lassen gegen uns Juden?‹ fragte sich Herr Frank. ›Sie wird uns eines Tages noch verbieten zu leben, wer weiß . . .‹
Tausende von Juden hatten schon bei den ersten Maßnahmen Deutschland verlassen. Auch Herr Frank beschloß: ›In einem Land, in dem solche Verordnungen eingeführt werden, will ich mit meiner Familie nicht bleiben.‹ Sie zogen nach Holland in die große Stadt Amsterdam. Da gab es diese Verordnungen nicht. Dort fanden sie, wie viele andere Juden, Asyl.«
»Wenn es bei uns solche Regeln gäbe, wollte ich auch nicht mehr in diesem Land bleiben!« sage ich ganz entsetzt. Mama tröstet mich: »In unserer Zeit sind vor dem Gesetz alle Menschen gleich.

›Niemand darf wegen seines Geschlechts, seiner Abstammung, Rasse, Hautfarbe, Sprache, Heirat und Herkunft, seines Glaubens, seiner religiösen oder politischen Anschauungen wegen benachteiligt oder bevorzugt werden.‹

So steht es in unserem Grundgesetz und in den Menschenrechten der Vereinten Nationen. Jeder einzelne von uns ist dafür mitverantwortlich, daß wirklich für jeden dieses Recht gilt«, erklärt mir Mama.
Ich soll auch schon mitverantwortlich sein? Ich kann mir das überhaupt nicht vorstellen. Aber Mama meint, es ist wichtig, darüber einmal gründlich nachzudenken.

Anne in Amsterdam

Endlich hat Papa Urlaub. Wir werden auch in diesem Jahr wieder in unser Ferienhaus fahren. Darauf freue ich mich schon lange. Papa nimmt sich in den Ferien besonders viel Zeit für mich. Diesmal hat er mir versprochen, die Geschichte von Anne Frank, die Mama mit mir angefangen hat, weiterzuerzählen.

»Wie weit seid ihr gekommen?« fragt mich Papa gleich am ersten Ferientag.

»Wir waren an der Stelle stehengeblieben, als Familie Frank den Entschluß faßte auszuwandern, also Deutschland zu verlassen.«

»Also«, beginnt Papa, »der erste Teil von Annes Lebensgeschichte spielte sich in Frankfurt am Main ab. Der zweite Teil, mit dem ich heute zu erzählen anfange, beginnt in Holland, in der großen Stadt Amsterdam.

Als Anne und ihre Familie nach Amsterdam auswanderten, war Anne ungefähr fünfeinhalb Jahre alt. Sie bezogen eine Wohnung in einem großen Sandsteinhaus auf dem Merwedeplein. Das war eine moderne Wohnsiedlung mit einem riesigen Kinderspielplatz in der Mitte. Dort konnte Anne spielen und andere Kinder kennenlernen. Bald besuchte sie den Kindergarten in der Montessori-Schule. Es dauerte nicht lange, und Anne freundete sich mit den Kindern aus ihrer Umgebung an. Mit der Zeit sprach sie auch immer besser holländisch.

Zu ihrem Geburtstag lud sie, wie früher zu Hause in Frankfurt, all ihre Freundinnen ein.

13

Anne 13
in Amster[dam]

Annes Geburtstag 19[..]

Als sie an diesem Tag vom Kindergarten nach Hause kam, rief ihr Mama schon von weitem entgegen: ›Anne! Post für dich, aus Deutschland! Kathi hat geschrieben!‹
Anne jauchzte überglücklich: ›Oh, Kathi hat an mich gedacht! Sie hat mich noch nicht vergessen! Schnell, lies vor, Mama!‹

›Liebe Anne!
Zu Deinem 6. Geburtstag gratuliere ich Dir. Ich wünsche Dir Gottes Segen. Feierst Du wieder so vergnügt mit Deinen ganzen Freundinnen zusammen, wie früher in Frankfurt? Bleibe fröhlich und zuversichtlich! Das wünscht Dir
Dein Kindermädchen Kathi! Schalom

Grüße auch Margot und Deine Eltern von mir!‹

Tage, Monate und Jahre vergehen. Anne fühlt sich in Amsterdam richtig zu Hause.«
»Und ihre Eltern? Fühlten die sich in Holland auch zu Hause?« will ich von Papa wissen.
»Annes Mutter hatte große Sehnsucht nach ihrer alten Heimat. Vater Frank stürzte sich in seine Arbeit. Kam Post aus Deutschland, zogen sich die Eltern zum Lesen in ihr Schlafzimmer zurück. Anne verkroch sich dann meistens mit Moortje, ihrem Kätzchen, das ihr Vater vor einigen Wochen geschenkt hatte, in ihre Kuschelecke. Die Briefe, die die Familie Frank bekam, waren meist voller trauriger Nachrichten. Ihre Freunde schrieben ihnen, wie schwer es für die Juden in Deutschland geworden war. Sie schilderten die schreckliche Nacht vom 9. auf den 10. November 1938, als in ganz Deutschland die Synagogen brannten, auch die in Frankfurt. Familie Frank hatte an den hohen jüdischen Feiertagen oft die Gottesdienste in dieser Synagoge besucht.
In den Briefen stand auch, daß die Nazis jüdische Geschäfte plünderten. Noch schlimmer war die Nachricht, daß in Städten und Dörfern alle jüdischen Männer ab 16 Jahren zusammengetrieben wurden. Sie mußten alles liegen- und stehenlassen. Wer noch Zeit hatte, packte in

Windeseile ein kleines Handgepäck zusammen. In einem langen Zug führten Hitlers Schergen die verängstigten und wehrlosen Menschen zum Bahnhof. Dort standen die Züge für den Abtransport in die Konzentrationslager bereit. –

Ich stelle mir vor«, sagt Papa, »wie Anne an der Türe vielleicht mitgelauscht hat. Wie sie ihre Mutter bitterlich weinen und ihren Vater entsetzt hat aufschreien hören:

> ›Wie können Menschen so mit Menschen verfahren! Es ist nicht zu fassen!‹

Ihre Eltern hatten in Frankfurt noch miterlebt, wie auf dem Römerberg am 10. Mai 1933 Bücher verbrannt wurden – Bücher von deutschen Dichtern, zum Beispiel Heinrich Heine, Kurt Tucholsky, Erich Kästner und vielen anderen. Die meisten von ihnen hatten Eltern oder Großeltern, die Juden waren. Das war für die Franks damals ein entsetzliches Erlebnis gewesen. Was jedoch in diesen Briefen stand, überstieg alles, was Herrn Frank bis dahin je an Unmenschlichem zu Ohren gekommen war.

Alle Juden in Amsterdam wußten über die Vorfälle in Deutschland Bescheid und waren gleichermaßen empört.

›Wir sind in Amsterdam sicher. Die Bevölkerung hält zu uns. Hier sind wir geschützt‹, glaubten und hofften die meisten Juden, die nach Amsterdam ausgewandert waren.«

An unserem ersten Urlaubstag hat Papa sich wirklich viel Zeit für mich genommen.

Ich habe mir in Gedanken alles vorgestellt, was er mir erzählt hat:

> die traurige Anne mit Moortje,
> die brennenden Synagogen,
> die geplünderten und zerstörten Geschäfte,
> die verzweifelten Männer, die zum Bahnhof getrieben wurden,
> die brennenden Bücherberge,
> Anne und ihre traurigen Eltern . . .

Ich hole Malfarben und Blätter, setze mich an den Tisch und male

16

und male . . . Und dabei muß ich immer wieder daran denken: Wie schwer es doch diese Familie Frank und die vielen anderen Juden hatten! Wie wird es ihnen noch ergehen?

Am nächsten Abend will ich Papa etwas fragen. Ich habe jedoch vergessen, daß er einmal am Tag nicht gestört werden will – dann nämlich, wenn die Abendnachrichten kommen. Diese Regel gilt auch im Urlaub. Leider fallen mir oft, so wie heute, die wichtigsten Fragen gerade dann ein, wenn Papa vor den Nachrichten sitzt. »Später bitte! Nicht jetzt!« winkt Papa dann ab. Das kann ich oft nicht verstehen. Sind Nachrichten denn so wichtig?

»Annes Eltern«, erklärt mir Papa später, »saßen auch regelmäßig vor ihrem Radio. Sobald die Erkennungsmelodie erklang, wurde es mäuschenstill im Raum. Nachrichten wurden durchgegeben. ›Deutschland liegt mit mehreren Ländern im Krieg. Deutsche Soldaten marschieren in Richtung Holland!‹ hörte Anne ihren Vater sorgenvoll flüstern. Was das bedeutete, konnte Anne noch nicht ganz begreifen. Sie merkte wohl, daß sich ihre Eltern sorgten; dennoch meinte sie: ›Wir sind doch hier in Holland sicher! Uns geht es gut. Wir haben, was wir brauchen. Im vergangenen Jahr konnten wir sogar in Ferien fahren wie früher. Ich habe viele Freundinnen und sogar einen kleinen Kater, meinen Moortje.‹ So könnte ich mir vorstellen, hat Anne damals vielleicht manchmal gedacht«, meint Papa.

»Nicht wahr, Papa, Annes Eltern sahen, was noch auf sie zukommen könnte. Anne dachte zuallererst an das, was schön und angenehm war und ist?«

Papa meint dazu: »Sicher litt Anne auch unter dem, was sie über das Leid der Juden in Deutschland hörte. Trotzdem zählte für Anne das Hier und das Jetzt in ihrem Leben mehr. Die Erwachsenen schauten mit großer Sorge auf Deutschland und in die Zukunft. Die kleinen Freuden, die Anne so wichtig waren, konnten sie deshalb fast nicht wahrnehmen.«

»Als Mama im letzten Jahr so krank war, litten wir beide auch. Unsere Sorgen um Mama waren riesig. Damals habe ich dir ein wunderschönes Bild gemalt, mit lauter bunten Schmetterlingen. Beim Malen konnte ich alles Traurige für eine Zeit vergessen. So wichtig war mir in diesem Augenblick das Bild, das dich frohmachen sollte! Und du, Papa, hast mein Bild kaum beachtet. Ich weiß, deine Gedanken waren bei Mama. Deine Sorgen standen dir ins Gesicht geschrieben. Vielleicht war es aber auch so, daß du damals über Mamas Krankheit weit mehr gewußt hast, als ich begreifen konnte!«

Heute beim Frühstück fragt mich Mama: »Schmeckt dir dein Marmeladebrot? Weißt du, womit ich Marmelade fest und haltbar mache?« Ich weiß es natürlich nicht.
Nachmittags kochen wir beide Marmelade ein. Dazu brauchen wir Beeren, Opekta und Zucker. Opekta ist ein Geliermittel, das aus Apfelschalen gewonnen wird. Jedem Päckchen liegt ein altbewährtes Einkochrezept bei. »Da muß man sich sehr genau an die Anleitung halten«, mahnt mich Mama immer wieder.
Meine selbst hergestellte Marmelade schmeckt ausgezeichnet.
Abends erzählt mir Papa von Herrn Franks Firma in Amsterdam. Zuerst zeigt er mir ein Bild, auf dem ein Reklameauto zu sehen ist. Zwei Frauen stehen auf der Ladefläche. Deutlich kann ich die Aufschrift auf dem Wagen lesen: *Opekta!*
Da staune ich mächtig. Unwillkürlich muß ich an meine selbstgemachte Marmelade denken. Papa erklärt mir, daß die beiden Frauen auf dem Bild holländischen Frauen zeigen, wie mit Opekta eingekocht wird. »Dieses Reklameauto gehörte zu Herrn Franks Firma in Amsterdam an der Prinsengracht«, erklärt mir Papa weiter. »Dort steht ein schmales, hohes Giebelhaus aus roten Backsteinen. In diesem Haus ist die Firma Opekta und ein Vertrieb für Gewürzmischungen untergebracht. Kein Mensch ahnte, daß dieses Grachtenhaus durch eine Türe mit einem Hinterhaus verbunden ist. Sogar manche Mitarbeiter wußten davon nichts.
Herr Frank leitete die Firma«, informiert mich Papa. »Herr van Daan, auch ein Jude, war für die Gewürzabteilung verantwortlich. Herr Koophuis, Miep, Elli und Herr Krahler waren treue Mitarbei-

ter im Büro. In den Lagerhallen des Hauses rumorten im gleichmäßigen Takt tagsüber die Gewürzmühlen. Dort waren noch zwei weitere Arbeiter beschäftigt.

Das Geschäft blühte. Herr Frank konnte sich auf seine Mitarbeiter im Büro verlassen. Sie waren nach all den Jahren seine besten Freunde geworden, die sein volles Vertrauen hatten. In diesen Zeiten waren Menschen, auf die man sich verlassen kann, wichtiger denn je, besonders für Juden.«

»Ich habe auch Freunde, auf die ich mich verlassen kann!« Geduldig hört mir Papa zu, als ich ihm die schlimme Geschichte, die mir kürzlich passiert ist, erzähle: »Peter, der Stärkste aus unserer Klasse, wollte mich verprügeln. Mustafa, Aysche und Lena haben sich vor mich gestellt. Sie wollten mich vor Peter schützen. Gemeinsam erklärten sie Peter: ›Wenn du Rike nicht in Ruhe läßt, kannst du was erleben!‹ Peter ließ sich nicht einschüchtern. Er stürzte wütend auf meine Freunde los, die sich tapfer wehrten, so daß Peter mir nichts antun konnte. Auf einmal war Lena verschwunden. Später bin ich ihr auf der Straße wieder begegnet. Sie schaute verlegen auf die andere Seite. Jetzt weiß ich genau: Mustafa und Aysche, das sind Freunde, auf die man sich verlassen kann.«

»Hättest du dich auch so tapfer für Mustafa oder Aysche eingesetzt?« fragt mich Papa.

Ich werde etwas unsicher; ich muß an die Schläge denken, die die beiden für mich eingesteckt haben. »Ich möchte schon, aber . . . «

»Und Lena«, hakt Papa ein, »Lena wollte eigentlich auch. Ihre Angst war jedoch zu groß. So groß, daß sie aufgab!«

Am nächsten Tag will Papa einen Wandertag einlegen. Als er am Morgen zum Fenster hinausschaut, ist der Himmel bewölkt.

»Planänderung!« verkündet er laut. »Heute ist nochmals Lesetag!« Schon am Vormittag kramt Papa eine Landkarte hervor. Er zeigt mir Deutschland und Holland. »Wo liegt Frankfurt? Wo Amsterdam?« Einen Stadtplan von Frankfurt und Amsterdam entdecken wir auch. Wir suchen in Frankfurt den Marbachweg und in Amsterdam Merwedeplein und die Prinsengracht.

Am Nachmittag erzählt mir Papa, wie es mit den Franks in Holland weiterging.

»Es waren Monate nach dem 10. Mai 1940 . . .

Seitdem die deutschen Truppen in Holland eingedrungen waren, hatte sich auch dort einiges für die Juden geändert. Holländische Nazis hatten sich mit den deutschen Soldaten, die Holland besetzt hatten, verbündet. Sie stellten sich an ihre Seite und halfen, daß die Verordnungen, die so nach und nach gegen die Juden erlassen wurden, auch zur Anwendung kamen. Es waren dieselben, welche die Juden schon in Deutschland kannten.

Herr Frank beschloß, seine Firma auf seinen Mitarbeiter, Herrn Koophius, der kein Jude war, zu überschreiben; denn Juden würden in Zukunft weder eine Firma leiten noch besitzen dürfen.

Viele Juden, die in staatlichen oder öffentlichen Ämtern arbeiteten, wurden entlassen.

Tapfere Amsterdamer, darunter viele Jugendliche, streikten und demonstrierten gegen diese Verordnungen. Die Polizei griff hart durch. Es gab Verletzte. Demonstranten wurden verhaftet. Dennoch versteckten mutige Holländer Juden bei sich. Auch Herr Frank dachte daran, für seine Familie ein Versteck zum Untertauchen zu suchen.

Zusammen mit seinen treuen Mitarbeitern plante er das Verschwinden. Unbemerkt von Nachbarn schaffte er nach und nach mit Hilfe seiner Freunde Möbel, Wäsche, Kleider, Bücher und Lebensmittel in sein zukünftiges Versteck im Hinterhaus der Firma. Mit großer Sorge verfolgten die Mitarbeiter, wie immer mehr Verordnungen gegen Juden erlassen wurden«, erzählt Papa.

Seit Tagen beschäftigt mich die Frage, warum den Juden das Leben so schwergemacht wurde. »Papa, kannst du mir diese Frage beantworten?«

»Schon viele, viele Generationen vor uns gab es Vorurteile gegenüber jüdischen Mitbürgern«, beginnt Papa. »Neid, Haß und Unverständnis auch gegenüber dem religiösen Leben der Juden, das von zahlreichen Vorschriften für das tägliche Leben bestimmt war, zum

Beispiel für die Speisezubereitung, spielten dabei eine Rolle. Viele störten sich an diesem Anderssein, dem Unbekannten. Das Fremde schien ihnen bedrohlich und gefährlich.

Hinzu kam – du hast davon schon gehört –, daß unser Land in großer Not, in einer Krise war. Viele Menschen waren verunsichert. In solchen Zeiten wurden schon immer Vorurteile verfestigt und verschärft, ja oft auch im Interesse einer Gruppe geschürt. Da hatten es Hitler und seine Partei leicht. Er konnte an vorhandene Vorurteile anknüpfen. Schon lange geisterte auch die Rassenlehre durch die Köpfe der Bevölkerung. Hitler nutzte dies für seine Wahnidee, die Deutschen als höchste und die Juden als niedrigste Rasse zu sehen. Er nannte sie die gefährlichsten Feinde des deutschen Volkes, die vernichtet werden müßten. In seinen Reden hetzte er das deutsche Volk noch mehr gegen die Juden auf. Er lehrte sie, die Juden zu hassen, und in ihnen den gefährlichsten Feind zu sehen. Auch die Kinder sollten schon frühzeitig in der Schule den Feind des Volkes kennenlernen.

Dieses Feindbild sollte das deutsche Volk zusammenschweißen.«
»Rassenlehre«, das hört sich für Menschen seltsam an!
Ein Lehrer an unserer Schule züchtet in seiner Freizeit Pudel, eine
ganz besondere Rasse mit einem langen Stammbaum. Streng achtet er
darauf, daß kein minderwertiger Mischling ohne Stammbaum sich
mit seinen Reinrassigen paart. Er ist stolz darauf, daß seine Pudel
reinrassig und deshalb besonders wertvoll sind. Ob das wohl stimmt?
Opas Hund sieht auch nicht viel anders aus. Sein Pudel hat zwar
keinen Stammbaum, aber ich hab' ihn lieb, und ich glaube, er mag
mich auch.
»Eben, das ist es«, pflichtet mir Papa bei, »die Liebe füreinander ist
auch bei den Menschen das Wichtigste, nicht der Stammbaum oder
gar die ›reine Rassse‹, die es gar nicht gibt. Seitdem der Rassebegriff
mit einem Werturteil verbunden wurde, hat er bis in unsere heutige
Zeit hinein noch mehr Ungerechtigkeiten und Unfrieden in unsere
Welt gebracht. Selbst in der Südafrikanischen Union beginnen die
weißen Menschen das zu erkennen.«

Den Rest des Tages brauche ich für mich, denn es gibt so vieles, worüber ich noch nachdenken muß.

Tage vergehen ...

»Jetzt hast du mir schon so lange nichts mehr von Anne erzählt. Inzwischen müßte sie, nach deiner letzten Erzählung, schon über 12 Jahre alt sein.« Fragend schaue ich Papa an.

»Ja, so alt ist Anne inzwischen. Du kannst dir vorstellen, daß ein fast 13jähriges Mädchen mehr versteht und ahnt von dem, was so um sie herum geschieht, als ein sechsjähriges«, antwortet mir Papa und erzählt weiter: »Wieder war ein Jahr vergangen. Es war Frühjahr 1942. Eine weitere Verordnung wurde eingeführt. Das Verordnungsblatt, das alle Juden lesen mußten, gab bekannt:

> ›Aufruf an Juden!
> Alle Juden müssen einen gelben sechszackigen Stern tragen!‹

Einige holländische Christen waren darüber entsetzt. Sie erließen einen Aufruf:

> ›Holländer, tragt alle den Stern! Zeigt euren jüdischen Mitmenschen, daß ihr sie achtet und nicht im Stich laßt. Steckt euch zum Zeichen auch einen gelben Stern an!‹

In den ersten Tagen waren die gelben Sterne überall zu sehen. Bald darauf wurde eine weitere Verordnung erlassen, die besagte: Wer zu Juden hält oder ihnen hilft, wird mit Gefängnis oder sogar mit dem Tode bestraft.«

Während ich Papa so zuhöre, erinnere ich mich plötzlich daran, was Mama mir noch vor den Ferien gesagt hat: »Wir sind mitverantwortlich für das, was geschieht!« Meinte Mama damit, wir dürfen nicht zulassen, daß Menschen ungerecht behandelt werden? Wir dürfen nicht wegschauen?

Noch am selben Tag lese ich in unserer Zeitung eine dicke Überschrift, die mich sehr beschäftigt:

Papa erklärt mir dazu: »Es gibt auch heute Menschen, die sich nicht mitverantwortlich fühlen und wegschauen, wenn Unrecht geschieht. Sie wollen nichts gesehen haben.« Jetzt ahne ich, was Mama meinte mit »mitverantwortlich sein«.

Am folgenden Morgen fällt mir plötzlich wieder ein, daß gestern ganz überraschend ein Anruf kam. Papa nahm das Gespräch entgegen. Danach schien er mir sehr bedrückt. »Was hast du?« fragte ich ihn. Papa antwortete nicht. Später sagte mir Mama: »Weißt du, es ist etwas schiefgelaufen, mehr kann ich nicht sagen.«

»Auch Familie Frank«, erzählt mir Papa am Nachmittag, »behielt manch einen Kummer für sich. Ihre Kinder sollten in den schweren Zeiten ein einigermaßen erträgliches Leben haben. Sie wollten ihre Kinder schonen.

Doch mit wachen Augen beobachtete Anne alles, was um sie herum geschah. Sie sah, wie ihr Vater seit Tagen Kisten mit Büchern, Geschirr und Wäsche mitnahm, ebenso Taschen voll mit Lebensmitteln. Möbel wurden weggebracht. Sie sollten angeblich repariert werden.

Wenn Anne nachfragte: ›Was macht ihr mit den Sachen, die ihr wegbringt?‹, erhielt sie zur Antwort: ›Du wirst es noch früh genug erfahren!‹ Traurig wandte sie sich dann an ihren lieben Kater und klagte ihm ihr Leid: ›O Moortje, ich ahne nichts Gutes für uns!‹ – So ungefähr, könnte ich mir vorstellen, muß es Anne ergangen sein in jener Zeit . . .«

Ich sage: »Was ist das für eine Antwort: ›Du wirst es noch früh genug erfahren.‹ Damit hätte ich mich nicht zufriedengegeben! Ich wäre dir so lange auf die Pelle gerückt, bis du mir eine richtige Auskunft gegeben hättest, Papa!«

»So eine Antwort haben damals viele Eltern ihren Kindern gegeben. Sie wollten ihre Kinder nicht mit ihren Sorgen und Plänen belasten, auch damit diese sie nicht weitererzählen. Stell dir vor, Anne hätte

28

den Plan ihres Vaters gekannt und weitererzählt. Wie leicht hätten das Ohren hören können, für die es nicht bestimmt war! Und dann ... dann hätten die Nazis und ihre holländischen Helfer die ganze Familie abgeholt und in ein Lager gebracht ... Deshalb gewöhnten sich viele, auch die Familie Frank, daran, viele Fragen nicht zu beantworten, nicht zu stellen und vieles schweigend hinzunehmen«, so erklärt mir Papa das Verhalten von Annes Eltern.

»Und doch«, meint Papa, »Kinder wissen immer mehr, als ihre Eltern vermuten. Auch Franks Kinder wußten mehr, als ihre Eltern für möglich gehalten hätten. Daß sie in ein jüdisches Gymnasium überwechseln mußten, allein das machte ihnen ihre schwierige Lage bewußt.

Jüdische Kinder durften nicht mehr mit holländischen Kindern zusammen in eine Schule gehen. 84 Kinder mußten die Montessori-Schule verlassen, weil sie Juden waren. Auch mußten alle diese Kinder den gelben Stern tragen. Ohne Murren fügten sie sich in ihr Schicksal.

Jetzt hatte Anne einen weiten Schulweg. Anfangs fuhr sie mit der Straßenbahn. Als Juden auch die Straßenbahn nicht mehr benutzen durften, fuhr Anne mit ihrem Rad. Dann aber mußten alle Juden ihre Räder abgeben. Anne und ihre Mitschüler mußten nun die Strecke zu Fuß zurücklegen. Margot behielt ihr Fahrrad. Am 12. Juli war letzter Abgabetermin. Es fiel ihr schwer, sich von ihrem Rad zu trennen.

In der Schule konnte Anne sich für eine Zeit vergessen. Sie spielte in einem Theaterstück die Prinzessin, ihre Traumrolle. In den Pausen vergnügte sie sich mit ihren Mitschülern. Nachmittags verabredete sie sich mit ihren Freundinnen in der *Oase*, dem einzigen Café, das Juden noch zugänglich war. Für Anne war, abgesehen von den Einschränkungen, die sie hinnehmen mußte, das Leben noch erträglich. Doch manchmal mußte sie daran denken, was ihr Vater ihr vor kurzer Zeit anvertraut hatte: ›Anne, es kann möglich sein, daß wir irgendwann, ganz plötzlich, untertauchen müssen!‹«

Untertauchen ... Das wollen doch nur solche, die etwas verbrochen haben! – Aber Franks haben doch nichts verbrochen! Wußte Anne, was es bedeutet, untertauchen zu müssen? Ich jedenfalls kann es mir kaum vorstellen.

Papa erklärt mir: »Untertauchen mußten damals Juden und andere Menschen, die von Hitler und seiner Partei nicht erwünscht waren, und solche, die dem Staat nichts nützten. Deren Leben war deshalb in Gefahr. Sie suchten Menschen, die ihnen ein Versteck zur Verfügung stellten. Auch mußten diese bereit sein, für Nahrung und notwendige Medikamente zu sorgen.

Tag und Nacht quälte die Untergetauchten die Angst, entdeckt oder verraten zu werden. Sie waren völlig auf die selbstlose Hilfe und Ehrlichkeit ihrer Versorger angewiesen, ja sogar ihnen ausgeliefert. Viele Juden suchten ein Versteck, zu viele. Nur wenige hatten so verläßliche, treue Freunde, die ihr Leben aufs Spiel setzten, um das ihrer Freunde zu retten.«

Am folgenden Morgen fragt mich Papa in aller Frühe: »Hast du heute Geburtstag, oder was ist los?« So neckt er mich immer, wenn ich in den Ferien ganz früh aufstehe. Heute bin ich wohl wieder zu früh aufgewesen.

»Wenn du dich noch mal schlafen legst«, verspricht mir Papa, »erzähle ich dir heute abend, weshalb Anne eines Morgens so früh aufwachte.« Damit hat er mich ordentlich neugierig gemacht. Ich schlüpfe nochmals für eine Stunde in mein warmes Bett.

Am Abend löst Papa sein Versprechen ein: »Am 12. Juni erwachte Anne schon ganz früh. Das war kein Wunder, denn sie hatte ja Geburtstag. Leise schlich sie ins Eßzimmer. Dort begrüßte sie Kater Moortje mit heftigen Liebkosungen. Endlich wachten auch ihre Eltern auf und gratulierten ihr zu ihrem 13. Geburtstag. Auf dem Geburtstagstisch lagen Annes Geschenke. Zuerst wickelte Anne ein rotkariertes Buch aus. Es war ein Tagebuch. ›Das habe ich mir schon lange gewünscht, mein liebes Tagebuch!‹ So sehr freute sich Anne darüber. Viele Bücher, Blumen und Glückwunschkarten lagen da. Jetzt mußte sich Anne für die Schule fertig machen. ›Heute spendiere ich zur Feier des Tages meinen Mitschülern Bonbons‹, sagte sie noch

im Weggehen. Nachmittags hat Anne ihren Geburtstag mit vielen Freundinnen ganz groß gefeiert. Anne schaute mit ihren Gästen einen lustigen Film, den ›Leuchtturmwärter‹, an. Ihre Freundinnen fanden ihn toll. Mit ihren Gästen machte sie noch viel Unsinn an diesem Nachmittag. Alle waren sehr vergnügt.«

»Woher weißt du denn das alles so genau, was Anne an ihrem 13. Geburtstag gemacht hat?«

»Anne hat am 14. Juni zum ersten Mal in ihr Tagebuch geschrieben. Sie schrieb so, als wolle sie ihrer Freundin mitteilen, was sich so bei ihr in Amsterdam zugetragen hat. Ihrer ausgedachten Freundin Kitty schrieb sie ›Briefe‹. In ihrem ersten Brief erzählt sie, wie sie ihren 13. Geburtstag gefeiert hat. Und daraus habe ich dir eben so manches erzählt. Zufrieden? –

Wirklich groß hat Anne ihren Geburtstag gefeiert. Auf Post aus Deutschland brauchte sie nicht mehr zu hoffen. Seit die Synagogen brannten, war es für Deutsche viel zu gefährlich, Post an Juden zu schicken. So brach der Kontakt ab. Über einen Brief aus Deutschland von Kathi hätte sie sich jedoch am meisten gefreut.

Einige Zeit später gab es bei Familie Frank doch Post – Post für Annes Schwester Margot mit folgendem Inhalt:

> ›An Fräulein Sara Margot Frank!
> . . . Sie haben sich zum Sammelplatz einzufinden. Sie sind zum Arbeitseinsatz zum Transport in ein Arbeitslager nach Deutschland eingeteilt. Bringen Sie einen Koffer mit Winterkleidung mit!
> Der Sicherheitsdienst   General Rauter‹

Als Herr Frank diese Karte zu lesen bekam, war es für ihn klar: Jetzt war der Zeitpunkt zum Untertauchen gekommen. Fast alles war dafür vorbereitet.«

»Warum schreibt der General ›Sara Margot‹?« frage ich Papa.

»Eine Verordnung schrieb vor, daß alle weiblichen Juden auch den jüdischen Namen Sara und die männlichen Juden den Namen Israel tragen müßten.«

»Was ist das: ein Arbeitslager?« will ich noch von Papa wissen.

»Diese Frage stellten sich damals viele. Die einen glaubten, es handle sich um eine Arbeitsstätte, in der gearbeitet, gegessen und geschlafen wird. Auch Margot dachte früher: ›Was ist denn daran schlimm? Ich werde eines Tages auch dem Aufruf ins Arbeitslager folgen.‹

Die Briefe, die von dort kamen, berichteten nichts Aufregendes: Das Essen sei gut, es gäbe Duschen ... Doch so harmlos konnten die Lager nicht sein. Man tuschelte von verschlüsselten Nachrichten: ›Schreckliches Elend herrsche in den Lagern, es gebe dort menschenunwürdige Zustände. Die Menschen seien grausamen Behandlungen ausgesetzt ... Auch Radio Oranje, der Geheimsender, berichtete Schlimmes.

Heute wissen wir, daß die Menschen dort Hunger, Krankheit und unglaubliche Mißhandlungen über sich ergehen lassen mußten.«

»Wie wird es Margot, Anne und ihren Eltern jetzt zumute sein?« denke ich. »Was wird noch alles auf sie zukommen?«

Ich bin so aufgewühlt in meinem Innern ... »Bitte, Papa, laß mich nicht zu lange warten! Du mußt bald weitererzählen ...«

Anne im Hinterhaus

Allzulange hat mich Papa nicht warten lassen. Schon am nächsten Tag verabreden wir uns für den frühen Nachmittag.
»Heute beginnt ein neues Kapitel:

›Anne im Hinterhaus‹.«

Und Papa erzählt mir diese lange, schlimme Geschichte, die Anne und die übrigen Hinterhausbewohner durchstehen mußten.
»Am Morgen des 6. Juli goß es in Strömen. Miep, die treueste und verläßlichste Mitarbeiterin, hatte sich in aller Frühe mit Familie Frank verabredet. Sie sollte mit Margot in das geheime Versteck in der Prinsengracht fahren.
Als Miep kam, zog sich Margot gerade an: mehrere Unterhosen, Hemden, Söckchen, Pullis und Röcke übereinander. Jetzt war sie angezogen, als wolle sie in die Antarktis verreisen. ›Was sie anhat, braucht sie schon nicht in einer Tasche mit sich herumzutragen. Viele Taschen machen euch unnötig verdächtig!‹ wandte sich Frau Frank entschuldigend an Miep. Wie gut, daß es noch regnete. Unter ihren Regenmänteln ließ sich noch so manches verbergen.
Wie ganz gewöhnliche Berufstätige machten sich Miep und Margot auf den Weg. Glücklicherweise hatte Margot ihr Rad noch nicht abgegeben. So konnten sie die Strecke gemeinsam zurücklegen. Unterwegs sprach Margot kein Wort, auch Miep schwieg. Ihre Kehlen waren wie zugeschnürt. In ihnen saß die Angst – die schreckliche Angst, kontrolliert zu werden, denn Margot trug an

diesem Morgen keinen Stern, und Miep half Margot unterzutauchen. Beides waren in diesen Zeiten schwere Verbrechen. Der Regen war wirklich ein guter Schutz. Auf der Prinsengracht war weit und breit keine Menschenseele.

Miep führte Margot durch die Firma in den zweiten Stock. Dort schob sie das Mädchen mit letzter Kraft durch eine Türe ins Hinterhaus. Margot sank völlig erschöpft auf einen Stuhl. Da saß sie nun wie ein Häufchen Elend mitten im Zimmer in einem heillosen Durcheinander von Kisten, Säcken, Dosen, Körben, Möbeln und Kleiderbergen . . . und weinte. Miep mußte sich jetzt beeilen! Jeden Augenblick konnten die Arbeiter in den Lagerhallen eintreffen. Sie durften nicht merken, daß das Hinterhaus bewohnt war! Hastig schloß sie die Tür hinter sich und ließ die traurige Margot mutterseelenallein zurück.

Inzwischen verabschiedete sich Anne von ihrem lieben Kater Moortje. Sie füllte seine Futterschale mit den besten Brocken, die sie noch finden konnte. Liebevoll streichelte sie sein weiches schwarzes Fell: ›Friß dich noch einmal tüchtig satt!‹ Schnell schrieb Anne eine kurze Nachricht für ihre Nachbarin:

> ›Hier ist noch etwas Futter. Bitte, sorge gut für Moortje, bis ich wiederkomme!
> Danke! Gruß Anne‹

Anne füllte noch einmal die Schale auf. Traurig schob sie den Zettel unter den Futternapf. Ein letztes Mal drückte sie ihren Liebling an sich. ›Die Nachbarin wird dich nicht verhungern lassen. Du wirst es gut bei ihr haben. Adieu, mein Moortje. Adieu, ich werde dich vermissen!‹ Tränen kullerten über Annes Gesicht. Dann machte sie sich mit ihren Eltern zusammen schweren Herzens auf den Weg. Dies waren ihre letzten Minuten in Freiheit.«

»Arme Familie Frank, arme Anne, armer Moortje!« denke ich und werde ganz traurig. Papa legt sein Buch zur Seite. Schließlich meint er: »An dieser Stelle wollen wir es für heute genug sein lassen. Wir ziehen uns jetzt um und bauen uns ein Baumhaus.«

Einige Tage später kündigt Papa ganz überraschend an, daß er mich durch das Hinterhaus führen will.

»Wir treffen uns dazu nach dem Nachmittagskaffee vor der Prinsengracht 263.« Als Papa das ankündigt, zwinkert er mir geheimnisvoll zu.

Voller Erwartung sitze ich am Nachmittag neben Papa auf der Couch. Vor ihm liegen Bilder.

»Jetzt treten wir durch den Firmeneingang in die Büroräume des Vorderhauses«, beginnt Papa. »Zielstrebig laufen wir in den zweiten Stock und bleiben vor einem Aktenregal stehen. Hinter diesem drehbaren Regal verbirgt sich der einzige Zugang zum Hinterhaus. Ich drehe das Regal zur Seite. Unser Blick fällt auf eine steile Treppe. Auf diesem Stockwerk gibt es zwei Räume: einen kleinen, schmalen Raum und einen etwas größeren mit je einem Fenster. Rechts neben der Treppe ist noch ein ganz kleiner, fensterloser Raum: WC und Waschraum für das gesamte Hinterhaus.

Wir steigen nun hoch in den dritten Stock. Hier stehen wir mitten in einem großen Zimmer: Wohnraum und Gemeinschaftsküche und zugleich Schlafraum. Daneben findet sich, wie unten, ein kleiner Raum.

Weiter geht es über eine halsbrecherische Leiter zum Dachboden und Speicher hinauf. Dort sind zwei Dachfenster. Schaust du aus dem einen, fällt dein Blick auf den Turm der Westernkerk. Er hat eine wunderschöne Spitze mit einer silbergrauen Kronenkugel, auf der in der Mitte ein goldenes Kreuz steht. Jede volle Stunde spielt das Glockenspiel das Lied ›Aufrecht das Haupt – Aufrecht das Herz‹. Jede Viertelstunde dröhnen die Schläge der Turmuhr durch das ganze Hinterhaus.

Durch die andere Dachluke siehst du weit über Amsterdam hin in die Ferne. In der Nähe, direkt vor dem Speicherfenster, wiegt sich der Wipfel des alten Kastanienbaumes, der bis zum heutigen Tag auf der Rückseite des Hinterhauses steht.«

»Hier habe ich noch eine Skizze vom Hinterhaus«, sagt Papa und legt sie vor mich auf den Tisch.

»Schlafen die Büromitarbeiter auch im Hinterhaus?« fragte ich Papa.

»Wie kommst du denn darauf?« wundert er sich.

»Es sind acht Schlafstellen auf dem Plan eingezeichnet. Ich habe sie gezählt!«

»Ach so!« meint er und erklärt mir dazu: »Im zweiten Stockwerk wohnte Familie Frank. Der dritte Stock war für das Ehepaar van Daan und ihren Sohn Peter vorbereitet. Als immer mehr Juden Tag und Nacht aus ihren Wohnungen heraus verhaftet und zum Transport in die Arbeitslager geholt wurden, entschlossen sich auch van Daans, um ihr Leben zu retten, Hals über Kopf unterzutauchen. Die achte Person, Zahnarzt Dussel, wurde Monate später aufgenommen und in Annes Zimmer mit einquartiert. Acht Menschen lebten hier auf engstem Raum wie in einem Gefängnis und gleichzeitig wie auf einer Insel in Freiheit. Nur die Eingeweihten, Miep, Elli, Herr Krahler und Herr Koophius, kennen den geheimen Verschluß, der zum Hinterhaus führt. Sie sind für die Untergetauchten wie Grenzgänger, die Verbindungsglieder zur Außenwelt und zur Innenwelt zugleich. Eine schwierige und gefährliche Aufgabe haben diese Menschen auf sich genommen. Mit ihrem Einsatz wagen sie ihr Leben. Wie schwer alles noch wird, läßt sich in jenen Zeiten nicht abschätzen. Trotzdem wagen sie es – für ihre Freunde.

Anne schreibt in ihrem Tagebuch ausführlich über das Zusammenleben in einer aufgezwungenen Gemeinschaft unter schwierigsten Bedingungen. Damit ich dir daraus nichts vorwegnehme, erzähle ich dir hier allein von Anne; schließlich sollst du später Annes Aufzeichnungen selbst nachlesen.

An Annes Lebensweg möchte ich dir die Zeit, in der sie lebte, verständlich machen. So ein Schicksal, wie es Anne hatte – verfolgt, für minderwertig gehalten, rechtlos gemacht, ausgeschlossen und diskriminiert – widerfuhr Tausenden von jüdischen Kindern. Auch sie mußten durchleiden, was Anne erlitt. Ihre Geschichte ist leider die traurige Geschichte vieler, die sich nicht wiederholen darf!«

Damit beendet Papa an diesem Nachmittag unsere Lesestunde. Abends sehen wir noch gemeinsam Nachrichten. Als die Nachrich-

tensprecherin sagt: »Weltweit werden die Menschenrechte verletzt. Menschen werden verfolgt, wegen ihrer Hautfarbe und Abstammung diskriminiert, Minderheiten unterdrückt und wie Rechtlose behandelt!« da horche ich auf. »In unserem Land ist die Ausländerfeindlichkeit angestiegen«, sagt sie weiter. »Eine Umfrage ergab, daß nur wenige den Kontakt zu Ausländern suchen. Viele stören sich an dem Fremden, dem Anderssein, dem fremdländischen Aussehen.« Als das die Sprecherin sagt, fallen mir plötzlich Papas Worte von heute nachmittag wieder ein: »Die traurige Geschichte darf sich nicht wiederholen!«

In Gedanken bin ich an diesem Abend bei Aysche und Mustafa. Später nehmen mich meine Eltern noch mit zum »Griechen«. Als wir dort keinen freien Tisch finden, ziehen wir weiter in das türkische Restaurant. »Komisch«, denke ich, »so viele gehen zum Griechen, so viele gehen türkisch essen!«

Gestern war die Hälfte unserer Ferienzeit vorbei, also Halbzeit. Mama überraschte uns mit einer guten Idee: »Wir laden unsere

Vermieterfamilie zum gemütlichen Grillfest ein!«

Als wir letzte Woche hier ankamen, empfing uns unsere Vermieterin mit einem großen, bunten Blumenstrauß. So sehr freute sie sich, daß wir auch in diesem Jahr wieder unsere Ferien bei ihr verbringen. Sie übergab uns den Hausschlüssel und die übliche Hausordnung, auf der steht, was wir bei der Ankunft im Hause zu beachten haben, wie es am Ende der Ferien zu verlassen ist, und daß in den oberen Räumen nicht geraucht werden darf. Dies ist das einzige Verbot, das in der Hausordnung steht. Wir dürfen toben, lachen und feiern so laut und soviel wir wollen. Hier stören wir niemanden. Wir stehen auf, wann wir wollen und essen zu den Zeiten, die uns angenehm sind.

Das, was Papa vorgestern abend aus dem Leben im Hinterhaus berichtete, war genau das Gegenteil davon, wie wir es hier erleben. Papa erzählte mir: »Niemand außer den Eingeweihten wußte, daß das Hinterhaus bewohnt war. Tagsüber mußten im zweiten und dritten Stockwerk die Fenster geschlossen und die Vorhänge zugezogen bleiben. Während der heißen Sommermonate waren die Räume deshalb oft muffig und stickig. Damit nachts kein Lichtschein nach draußen fiel, mußten die Fenster noch vor Beginn der Dunkelheit zusätzlich mit schwarzem Papier dicht verhängt werden. Niemand durfte von draußen bemerken: Dort oben wohnt jemand. Alles, was sie irgendwie verraten könnte, war zu vermeiden.

Die Hinterhausbewohner stellten deshalb von Anfang an gemeinsam eine strenge Hausordnung auf, an die sich alle zu halten hatten. Da es um *ihre* Sicherheit und um *ihren* Schutz ging, waren sie bereit, alles auf sich zu nehmen.

Das Versteck befand sich, wie du weißt, direkt über den Lagerhallen. Jeder Schritt, jedes Geräusch von oben war unten zu hören. Deshalb standen in der Hausordnung vor allem Gebote, die während der Arbeitszeiten zu beachten waren:

Hausordnung
für die Zeit
von 7.30 Uhr bis 12.30 Uhr und von 14 bis 17.30 Uhr

Das Herumlaufen ist nur auf Strümpfen und schleichend gestattet. Die Benützung des WC und der Wasserleitungen ist untersagt! Zanken, Schreien, Toben, Singen, Klagen, lautes Lachen oder seinen Gefühlen freien Lauf lassen ist strengstens verboten! Das Husten und Sich-Räuspern ist zu unterdrücken. Erlaubt ist leises Flüstern!

Die Hinterhausgemeinschaft

Mit dieser Ordnung konnten sie wenigstens hoffen, nicht entdeckt zu werden.

Insgesamt neuneinhalb Stunden mucksmäuschenstill sein, stell dir das mal vor!«

Mir fällt es schon schwer, nur während zehn Minuten Nachrichten still zu sein. An manchen Tagen schaffe ich es kaum. Papa meint, wenn man weiß, wieviel davon abhängt, schafft man so manches.

Und trotzdem: Diesen Menschen im Hinterhaus wurde Unglaubliches abverlangt.

Papa berichtet weiter: »Sobald der letzte Arbeiter in der Mittagspause das Lagerhaus verläßt, können die Hinterhausbewohner aufatmen. Elli, die zu den getreuen Mitwissern gehört, gibt das verabredete Klopfzeichen.

Es beginnt für die Hinterhausbewohner die Stunde der kleinen Freiheiten. Die Toilette wird aufgesucht. Ständig hüppelt jemand ungeduldig von einem Fuß auf den anderen und wartet sehnsüchtig, bis sich die WC-Türe für ihn öffnet. Der Andrang ist groß. Es wird geputzt, gewaschen, aufgeräumt, sich frischgemacht, gekocht. Jetzt darf auch wieder normal gesprochen werden. Alle Aufgaben, die in der kurzen Zeit der Freiheit erledigt werden müssen, sind genau geplant und unter den Bewohnern aufgeteilt.

Abends wiederholt sich, was nachmittags schon geschah. Alles geht wieder nach Plan, jeder hat seine zugeteilte Aufgabe zu erleldigen. Selbst die Reihenfolge, in der die Hinterhausbewohner zu Bett gehen, ist festgelegt. Anne muß sich zuerst fertig machen. Nach den Kindern richten sich die Erwachsenen. Auch bei ihnen ist die Reihenfolge festgelegt. Morgens besagt wiederum ein Plan, wer zuerst aufzustehen hat, das Frühstück richtet und wer zuerst zum Frühstück gerufen, nein, herbeigeklopft wird.

An den Sonnabenden und Sonntagen dürfen die Untergetauchten, sobald sie ihren Großputz erledigt haben, die meisten Regeln vergessen. Für sie beginnen die Tage der großen Freiheiten, in denen sie sich auch im Vorderhaus aufhalten dürfen. An diesen Tagen erscheint es ihnen, als kehrten sie für eine kurze Zeit in ihr normales Leben zurück. Ab Montag um 6.30 Uhr holt sie jedoch die Welt der Regeln und Ordnungen wieder ein.«

Wir haben am Anfang dieses Schuljahres auch gemeinsam eine Ordnung für unsere Klasse aufgestellt. Unsere Lehrerin erklärte uns dazu: »Jede Gruppe, jede größere Gemeinschaft, jedes Volk braucht Ordnungen, Regeln und Gesetze, die von allen anerkannt werden und für alle gleichermaßen gelten. Sie soll den einzelnen schützen

und helfen, Frieden und Gerechtigkeit zu schaffen und zu erhalten.«
Als wir noch keine Klassenordnung hatten, schrien manche Kinder
ihre Antworten einfach in die Klasse. Unsere Lehrerin machte uns
klar: »So haben langsamere Kinder kaum eine Chance. Doch auch sie
wollen zeigen, daß sie etwas wissen. Auch die Guten und Schnellen
wollen zu ihrem Recht kommen. Wenn sie sich immer übergangen
und ungerecht behandelt fühlen, werden sie, um Aufmerksamkeit zu
erreichen, den Unterricht stören. Sicher habt ihr schon bemerkt, daß
da eine Klassenordnung eine wichtige Hilfe sein kann.«
»Wer hat sich das überhaupt ausgedacht, das mit den Ordnungen und
Regeln?« frage ich Papa.
Er antwortet mir: »Solange die Menschheit besteht, haben Menschen
Ordnungen und Regeln aufgestellt. Jedes Glied der Gemeinschaft
sollte wissen, welche Rechte und auch welche Pflichten es hat.«
Eben fällt mir ein, was ich im Religionsunterricht gelernt habe: Die
Juden kennen von ihren Vorfahren, den Israeliten, eine alte Ordnung. Es sind Regeln für ihr Leben. »Sie wollen helfen, daß jeder, der
sich daran hält, ein freier Mensch sein kann und keiner ein Spielzeug
des anderen wird!«, so erklärte es uns unsere Lehrerin. Wir nennen
diese Regeln die Zehn Gebote.
Papa erklärt mir weiter: »Hitler hatte auch viele Ordnungen und
Gesetze aufgestellt und andere außer Kraft gesetzt, jedoch nur zu
seinem Vorteil. Viele wurden dadurch rechtlose Menschen. Mitläu-
fer haben ihre Augen zugemacht. Sie wollten nicht sehen, was für ein
Unrecht den Andersdenkenden und den Juden zugefügt wurde. Sie
haben mitgemacht und weggesehen. Sie lebten nach der Devise:
›Führer, befiehl, wir folgen.‹ Sie haben ihre Verantwortung an Hitler
und seine Partei abgegeben. Aber kann man Verantwortung überhaupt abgeben? Für das, was ich tue oder auch nicht tue, bin immer
ich selbst verantwortlich!«
»Ich habe dir schon erzählt«, sagt Papa, »daß auch in Holland Nazis
die menschenverachtenden Gesetze gegen die Juden, deren Freunde
und Helfer mit Gewalt durchsetzten. Mutige Jugendliche, Frauen
und Männer haben auch dort dagegen protestiert. Sie fühlten sich

mitverantwortlich für die Menschen, die verfolgt wurden. Sie wollten dem Unrecht nicht tatenlos zusehen.

Solche Menschen brauchen wir auch heute in unserer Zeit. Mit wachen Augen müssen wir mitverfolgen, was um uns herum mit unseren Mitmenschen, besonders mit den benachteiligten Gruppen, den Wehrlosen, den Ausländern, den Behinderten und Andersdenkenden in unserem Land, in unserer Stadt, in unserer Nachbarschaft und auch in unseren Schulen geschieht.«

Es muß schon etwas sehr Wichtiges sein, wenn Papa und Mama immer wieder von *unserer* Mitverantwortung sprechen. Darüber müssen wir noch miteinander reden, denke ich für mich. Aber erst möchte ich noch mehr über Anne erfahren.

»Erinnerst du dich noch daran, als ich im Frühjahr im letzten Urlaub mit einem Gipsbein in unserer Ferienwohnung lag?« frage ich Papa am nächsten Tag. »Kein Mensch besuchte mich. Wer sollte auch kommen? Tag um Tag lag ich im Bett. Einmal hast du mit mir Halma gespielt, ein anderes Mal Mama, oder wir spielten gemeinsam. Anfangs fand ich das schön, wie ein neues Abenteuer. Alle kümmerten sich um mich. Trotzdem erschien mir jeder Tag wie eine Ewigkeit. Von Tag zu Tag wuchsen meine Unzufriedenheit und Ungeduld: Raus wollte ich, raus, mal was anderes sehen! Mit Kindern spielen, andere Gesichter sehen. Ich hielt es nicht mehr aus. Schließlich haben wir unsere Koffer gepackt und den Urlaub abgebrochen. Zu Hause bekam ich jeden Tag Besuch: Mustafa kam, Aysche, Lena und andere Kinder. So war das Liegen auszuhalten. Die Zeit verging wie im Flug. Erinnerst du dich noch, Papa?«

»So ähnlich«, hakt Papa ein, »erging es auch Anne. Doch so einfach wie du konnte sie ihr Gefängnis nicht verlassen. Sie mußte durchhalten, auch wenn es ihr noch so schwer wurde. Sie durfte nicht klagen. Ohne ihr Tagebuch hätte sie alles, was sie bedrückte und bewegte, in sich hineinfressen müssen. In ihren Tagebuchbriefen an ihre ausgedachte Freundin Kitty konnte sie sich Luft machen. Ihr schrieb sie ihren Kummer, ihre heimlichen Sehnsüchte und Wünsche.

So wie für dich das Im-Bett-liegen-Müssen aufregend war, empfand Anne das Untertauchen zunächst auch als ein Abenteuer. Anfangs gab es im Versteck viel zu tun. Alles mußte im Hinterhaus erst einmal geordnet und eingerichtet werden, damit es in den Räumen wohnlich wurde. Sie genoß das Zusammensein, die viele Zeit, die sie füreinander hatten.

Die meiste Zeit des Tages war ausgefüllt mit Lesen, Rechnen und Erlernen fremder Sprachen. Schließlich wollten die Kinder, wenn sie eines Tages wieder in die Freiheit zurückkehrten, in ihre normale Klassenstufe einsteigen können. Besonders wichtig war für sie das Lesen von Abenteuergeschichten, die eigene Erlebnisse ersetzen sollten. Lebenswichtig waren auch die Nachrichten von BBC London und Radio Oranje. Durch diese erfuhren sie, was wirklich in Holland und in der Welt geschah. Gesellschaftsspiele und Handarbeiten waren ihre ›Freizeitbeschäftigungen‹.

Doch bei all dem was sie taten, begleitete sie ein ständiges ›Pst, Pst, sei vorsichtig!‹

Jede Möglichkeit, Abwechslung in die Eintönigkeit ihres Lebens zu bringen, wurde genützt. Alle Geburtstage wurden gefeiert. Die Hinterhausbewohner bemühten sich, fröhlich und mit vielen lustigen Ideen zu feiern. Bei Anne, der Jüngsten im Hinterhaus, gaben sie sich besonders große Mühe. Jeder ging an seine Vorräte und packte etwas davon liebevoll für Anne ein. Sie bekam Süßigkeiten, Joghurt, Bücher und dazu selbstverfaßte Gedichte. Manches Mal backte Miep zur Freude aller einen Geburtstagskuchen, den sie mit dem größten Wunsch der Hinterhausbewohner kunstvoll verzierte:

Friede.«

»Die Geburtstage der acht Hinterhausbewohner reichten wohl kaum aus, um die Zeit zu verkürzen«, wende ich mich an Papa.

»In ihrem wirklichen Leben«, erklärt er mir, »waren für die Hinterhausbewohner die jüdischen Festtage wichtig. Hier im Hinterhaus wurde alles gefeiert, was es zu feiern gab, auch die christlichen Feste. Erst feierten sie Chanukka, das Lichterfest, gleich danach Nikolaus und Weihnachten.

Doch alle schönen Stunden waren getrübt durch die ständig gegenwärtige Angst, entdeckt zu werden. Sie konnten auch nicht darüber hinwegtäuschen, wonach Anne sich in ihrem tiefsten Inneren sehnte. Die Sehnsucht wuchs in ihr, schrie in ihr: ›Hinaus, hinaus! Ich habe Sehnsucht nach Luft und Lachen!‹ Wie gerne wollte sie sich wieder einmal mit Freundinnen treffen, mit ihnen zusammen zur Schule gehen und ganz einfach vergnügt sein! ›Wann endlich werden wir wieder hinaus dürfen in Luft und Freiheit? Tanzen möchte ich, pfeifen, radeln, die Welt sehen, frei sein und nicht wie ein Singvogel, dem man die Flügel beschnitten hat, im Käfig sitzen und im Dunkeln gegen die Stange fliegen!‹ klagt Anne ihrer Tagebuch-Freundin ihr Leid. – *Sie* konnte nicht ihren Koffer packen und abreisen wie du«, sagt Papa.

Vor unserem Ferienhaus steht ein prächtiger Kastanienbaum, auf dem ich mit Papa mein Baumhaus gebaut habe.

»In den Ferien lebt unser Baum mit uns«, sagt Papa fast jedesmal, wenn wir gemütlich unter unserem Kastanienbaum sitzen. Immer wieder versucht er mich auf den Baum aufmerksam zu machen. Ich glaube, Papa hätte es am liebsten, wenn ich genau wie er stundenlang unseren Kastanienbaum beobachten würde. Er will, daß ich über die Natur staune. Aber so lange dasitzen und staunen wie er, das kann ich nicht. Ich möchte laufen, springen, tanzen, toben, klettern.

So oft schon habe ich es Papa erklärt und heute auch wieder: »Wenn ich unter meinem Lieblingsbaum spiele, Kastanien und Blätter sammle, daraus Tiere und Kränze bastle, auf ihm herumklettere und in meinem Baumhaus wohne und träume, dann staune und freue ich mich über die Natur.«

Papa erzählt mir daraufhin, welche Bedeutung der Kastanienbaum für Anne hatte; denn auch hinter dem Hinterhaus stand ein prächtiger, alter Kastanienbaum.

»Anne konnte, hinter einem Vorhang versteckt, ihren Kastanienbaum das ganze Jahr über vom Dachfenster aus betrachten. Als sie ins Hinterhaus einzog, stand der Kastanienbaum in voller Blüte. Inzwischen hatte sie ihn schon zweimal blühen und verblühen sehen. Auch der zweite Winter ist schon vergangen. Jetzt liegt der Frühling, das neue Leben in der Luft. Daß ihr einmal die Natur so viel bedeuten wird, hätte sie sich in ihrem wirklichen Leben, so nannte Anne die Zeit vor dem Untertauchen, nicht vorstellen können. Blühende Blumen, ein strahlender Himmel, singende Vögel konnten Anne früher nicht fesseln. Aber jetzt kann sie den Himmel, die Vögel und den Kastanienbaum stundenlang betrachten, so schreibt Anne in ihr Tagebuch.

Wenn Anne abends, noch die frische Nachtluft in der Nase, vom Speicherfenster weg ins Bett ging, war sie erfüllt und voller Dank. Sie dachte dankbar daran, daß sie es hier gut hatten. Sie hatten ein Versteck und Freunde wie Miep und Elli, die es möglich machten, hier zu überleben. Sie zählte dann auch die Menschen auf, die sie selbst nicht kannte: den Bäcker, den Fleischer und den Gemüsemann, den sie jeden Morgen vom Dachfenster aus seinen Gemüsewagen laden sah. Dann stellte sie voller Dankbarkeit fest: Wir haben es gut. So viele unserer Bekannten mußten in Arbeitslager, weil sie kein Versteck hatten und keine Menschen fanden, die bereit waren, ein großes und gefährliches Wagnis einzugehen!«

»Was für ein großes Wunder ist es doch, daß wir hier alle gesund sind, auch unsere Versorger! Und wieder wanderten Annes Gedanken zum Kastanienbaum, der jetzt im Frühling neues Leben hervorbrachte. ›Neues Leben‹, dachte Anne, ›ein neues Leben in Freiheit!‹ Hoffnung regte sich in ihr. Manchmal träumte sie sogar davon, daß sie bald wieder mit anderen Kindern zusammen in die Schule gehen dürfe. Es gab aber auch Nächte, in denen sie leise vor Kummer in ihr Kopfkissen weinte. Denn das Leben auf so engem Raum war oftmals sooo schwierig: immer dieselben Gesichter, kein eigener Raum, kein Auslauf, nichts . . . Klagen dürfen die Untertaucher jedoch nicht: ›Wo kämen wir denn hin, wenn jeder klagte‹, schrieb Anne in ihr Tagebuch. ›Wir Juden müssen immer tapfer sein!‹ Und tatsächlich sagte auch Miep später: ›Kam ich ins Hinterhaus, habe ich immer dankbare Menschen voller Zufriedenheit angetroffen.‹«

»Anne spricht jetzt fast so wie du, Papa, wie eine Erwachsene. Genau so schaut sie auch ihren Kastanienbaum an. Anders geht es ja für sie nicht mehr. Sie kann nicht wie ich auf ihm herumklettern, nur ansehen kann sie ihn.«

Papa erklärt mir dazu: »Anne hatte es wirklich schwer. Vieles, was zum Kindsein gehört, konnte sie nicht leben. Es war ihr im Versteck nicht möglich, und doch brach immer wieder aus ihr heraus, was zu ihrer Natur, zu ihrem Kindsein gehörte. Nicht leben dürfen, was in uns ist, gegen seine Natur leben müssen, ist grausam und zehrt an unseren Kräften. Die Natur will eben, daß Kinder erst einmal Kinder sind, ehe sie Erwachsene werden!«

In den Ferien lassen mich meine Eltern an einigen Abenden allein. Wenn sie ausgehen, wird es meistens ziemlich spät. Unsere Vermieterin bleibt an diesen Abenden bei mir, bis ich eingeschlafen bin. Einmal hörte ich sie noch weggehen. Da war ich plötzlich wieder hellwach. Jedes Geräusch im Haus machte mir angst. Ich lag im Dunkeln zusammengekauert unter meiner warmen Decke. Mein Herz klopfte wild. Ich lauschte. Einmal vermutete ich, daß ein Einbrecher käme. Gleich danach glaubte ich, es mache sich jemand an der Haustüre zu schaffen. In dieser Nacht konnte ich vor lauter Angst erst einschlafen, als ich Papa und Mama kommen hörte.

Als ich mit Papa über dieses Erlebnis spreche, erinnert er sich an die Ängste, die die versteckten Untertaucher aushalten mußten.

»Angst«, sagt Papa, »hatten die Hinterhausbewohner Tag und Nacht: Angst, daß ihre Freunde von den Nazis abgeholt würden, daß ihr Versteck entdeckt würde. Schon die Vorstellung, daß eine Krankheit bei ihnen ausbrechen könnte, allein schon der Gedanke daran ließ in ihnen Angst hochkommen. Jeder Glockenschlag, der durch das Gebäude dröhnte, jedes Geräusch im Haus in der Nacht ließ die Bewohner aufschrecken. »Was war das?« Oftmals war es nur die zugelaufene Katze, die in der Nacht Mäuse und Ratten jagte. Die Untergetauchten schreckten aus ihrem Schlaf auf und hörten gerade noch, wie die Katze auf ihren Samtpfötchen landete und die quietschende Maus packte. Jede Bewegung drang als Geräusch durch die Räume. Da Flöhe zu den Bewohnern zählten, hörte auch das Sich-kratzen-Müssen nachts nicht auf. Ständig bewegte sich jemand.

Diese Geräusche zählten noch zu den natürlichen. Viel schlimmer waren die Nächte, in denen pausenlos der Flugzeuglärm über sie hinwegdonnerte, und die Nächte, in denen Bombenalarm war. Mehrere Male fielen auch auf Amsterdam Bomben nieder. Ganze Straßenzüge wurden in Schutt und Asche gelegt. Sie hörten das dumpfe Dröhnen und Krachen. Es versetzte alle in helle Aufregung. Sich in Gedanken ausmalen, was wäre, wenn in ihrer Nähe eine Bombe einschlagen würde, das durften sie nicht. Statt dessen überprüften sie, ob ihr Notgepäck in greifbarer Nähe lag.

Als Anne nach so einer Nacht voller Ängste und Alpträume wieder hinter dem Vorhang vor der Dachluke stand, um eine Prise frische Morgenluft einzuatmen, hielt sie plötzlich vor Schreck die Luft an: ›Nein, das darf nicht sein!‹ Was mußte sie da mit ansehen! Unten wurde ihr guter Gemüsemann von zwei Polizisten abgeführt. Angst stieg in ihr hoch.

›Jetzt werden wir auch abgeholt‹, dachte Anne. Schnell schob sie diesen schrecklichen Gedanken wieder zur Seite. ›Eines Tages werden wir aus dem Versteck in die Freiheit, ins normale Leben zurückkehren. Vielleicht können wir schon im September oder Oktober wieder zur Schule gehen!‹ träumte Anne vor sich hin. An diesem Traum hielt Anne fest.«

Ich habe auch einen Traum, an dem ich festhalte. Ich träume davon, daß ich eines Tages meiner Lehrerin zeigen werde, daß ich doch rechnen kann. Ihr werdet es noch erleben!

»Weil du so denkst, setzt du dich auch weiterhin mutig an deine Matheaufgaben. Ist das so?« fragt mich Papa.

»Ja, ich gebe nicht auf!«

»Ich hoffe mit dir und helfe dir, damit dein Traum eine Chance hat!« ermutigt mich Papa. »Träume und Hoffnungen sind eine Kraft. Sie helfen uns durchzuhalten, auszuhalten, nicht aufzugeben.

Annes Träume und Hoffnungen gaben auch ihrem Leben, mit all den Einschränkungen und all dem Schweren, das sie auf sich nehmen mußte, die Kraft, daran zu glauben, daß es auch für sie eines Tages wieder ein Leben in Freiheit geben würde. –

Jeder braucht Träume und Hoffnungen, jeder!« betont Papa.

»Hast du auch einen Traum, Papa?«

»Ja! Manchmal träume ich von einer Welt, in der alle Menschen gemeinsam daran arbeiten, Gerechtigkeit und Frieden zu schaffen und zu erhalten. Wenn du mit mir an diesem Traum festhalten willst, träumen schon zwei. Und wenn wir uns mit denen zusammenschließen, die den gleichen Traum haben, sind wir eine Kraft, und unser Traum hat eine Chance, Wirklichkeit zu werden. Wo fangen wir damit an? Bei uns zu Hause, in der Schule, in der Nachbarschaft, am Arbeitsplatz . . .«

Jetzt, da unser Urlaub zu Ende geht, müssen wir wie jedesmal unsere mitgebrachten Vorräte aufbrauchen. »Sicher ist, daß es die nächsten Abende Wurst aus der Dose gibt!« sagt Mama. »Ihr müßt euch damit abfinden. Ich bin nicht bereit, mitgebrachte Vorräte wieder mit nach Hause zu nehmen!«

Papa nimmt das Essensproblem von der lustigen Seite. Ich jedoch habe mir überlegt, ob ich nicht die nächsten Tage bis zur Heimreise streiken soll.

Abends setzen wir uns zusammen, um den Essensplan für die letzten Tage zu besprechen.

Mitten im Planen fällt mir ein, daß Papa kaum etwas davon erzählt hat, wie die acht Hinterhausbewohner mit ihren Vorräten zurechtkamen. Ich frage: »Kannst du mir davon auch etwas erzählen? Daß Dosenwurst, Dosenfleisch, eingemachtes Obst und Gemüse, Säcke von Trockenbohnen und später sogar haltbar gemachte Würste am Anfang reichlich vorhanden waren, ist mir noch in Erinnerung.

Vorräte haben jedoch die Eigenschaft, irgendwann zur Neige zu gehen.«

»So war das auch im Hinterhaus«, sagt Papa. »Acht Menschen brauchen eine Menge Nahrung. In der ersten Zeit lebte es sich im Hinterhaus, was das Essen anging, wirklich gut. Es waren reichlich Vorräte vorhanden. Aber wie lange sollten die Vorräte reichen? Milch und Brot wurden in die Firma geliefert. Elli hatte die Lieferung entgegenzunehmen. Ein Verdacht, daß sich zusätzlich Menschen in der Firma aufhalten, konnte nicht aufkommen. Jeder Lieferant glaubte, die Lieferung sei für die sechs Mitarbeiter der Firma bestimmt. Außerdem war es üblich, an Betriebe zu liefern. Fleisch besorgte Miep bei einem Metzger, der eingeweiht war. Gemüse, Salat, Obst und Kartoffeln kaufte Miep beim Gemüsemann nebenan. Schweres oder große Mengen lieferte dieser in der Mittagspause direkt in die Firma. Oft legte er für Miep Gemüse zurück oder noch Zusätzliches zu ihrer Bestellung dazu. Dann sorgte sich Miep, weil sie den Verdacht hatte, daß der Gemüsemann ihr sorgsam gehütetes Geheimnis kannte.

Täglich übergaben die Menschen des Hinterhauses Miep eine Einkaufsliste mit Sonderwünschen«, weiß Papa zu erzählen. »Ja, Miep schleppte sich ab. Wie ein Packesel kam sie an manchen Tagen von ihrer Einkaufstour zurück. Anfangs war es für sie leicht, die vielen Wünsche zu erfüllen. Je länger jedoch die Besatzungszeit dauerte, um so schwieriger wurde es. Immer öfter mußten die Hinterhausbewohner auf ihre Vorräte zurückgreifen. Seitdem Lebensmittelkarten eingeführt worden waren, war es schwer geworden, mehr Butter oder Zucker zu kaufen, als pro Kopf festgelegt war. Je schlechter die Zeiten wurden, um so kleiner wurden die Rationen, die für eine Woche ausreichen sollten. Zuletzt reichte eine Butterration kaum zwei Tage. Zusätzlich war auch auf dem Schwarzmarkt kaum noch etwas aufzutreiben. Die vier Versorger teilten ihre Lebensmittelkarten mit den acht Hinterhausbewohnern.

Zwar halfen Beamte der Lebensmittelkartenabteilung vielen Untergetauchten, indem sie zusätzliche Karten heimlich weitergaben. Als

das jedoch bekannt wurde, brach die Versorgung im Hinterhaus fast zusammen. Das Essen wurde immer karger. Draußen hungerten die Menschen schon lange. Wenn es auch kein Vergnügen war, 14 Tage lang je nach Saison Spinat oder Salat mit trockenem Brot essen zu müssen, so hatten sie doch immerhin noch täglich etwas zu essen, auch wenn es nur trockenes Brot war. Alles Eßbare wurde von den Besatzern für die Militärs beschlagnahmt. Trotz alledem: Die Entbehrungen waren nicht so schlimm wie die Angst, entdeckt zu werden. Immer ungeduldiger warteten die Hinterhausbewohner auf die erlösende Nachricht vom BBC London, der Krieg sei zu Ende . . .«

»Wie lange sind die Untergetauchten jetzt schon in ihrem Versteck?« will ich von Papa wissen. »Werden sie durchhalten?« Als Papa von ungefähr 24 Monaten spricht, kann ich es fast nicht fassen: 24 Monate! Das muß für Anne eine Ewigkeit gewesen sein.

Am nächsten Tag erzählt mir Papa Annes traurige Lebensgeschichte zu Ende:

»Am vierten August, es war ein Freitag, arbeiteten Miep, Elli und die beiden Männer im Büro. Gleichmäßig rumorten im Lager die Gewürzmühlen. Quietschend stoppte vor der Prinsengracht ein Auto. Es war nichts Besonderes, daß Besucher kamen.

Forsche Schritte waren zu hören. Ein kurzer Halt vor den Lagerhallen . . . feste Schritte hallten durch den Korridor und kamen immer näher. Plötzlich wurde die Bürotüre aufgestoßen. Männer in Uniform stellten sich drohend vor die Büroangestellten:

›Öffnen Sie die Türe hinter diesem Regal!‹

›Man hat uns verraten!‹ fährt es Elli durch den Kopf. Jetzt ging alles ganz schnell. In Windeseile mußten die Entdeckten ihr Notwendigstes zusammenpacken und den Männern in den bereitstehenden Wagen folgen.«

»Stunden nach diesem schrecklichen Ereignis gingen Elli und Miep noch einmal ins Hinterhaus. Es war furchtbar für sie in diesen von der Polizei durchwühlten, leeren, unbewohnten Räumen: Schubladen waren herausgerissen, Aktentaschen umgestülpt, Kleider, Bücher, Hefte und Blätter lagen auf dem Fußboden verstreut. ›Da liegt Annes rotkariertes Tagebuch! Die vielen Blätter mit Annes Handschrift!‹ Miep sammelte alle Schriftstücke auf. ›Ich werde sie bei mir aufbewahren, bis der Krieg zu Ende ist!‹ sagte sich Miep.

Im Mai 1945 war es endlich soweit: Der Krieg war zu Ende! Lange Zeit waren Miep und Elli im ungewissen darüber, ob ihre Freunde die schreckliche Lagerzeit überlebt hatten, bis eines Tages plötzlich Herr Frank vor Mieps Türe stand.

Miep übergab Herrn Frank das Tagebuch und Schriftstücke von Anne, die nach der Hausdurchsuchung übriggeblieben waren. Dann forschten sie gemeinsam nach den Kindern. Frau Frank hatte die schreckliche Zeit nicht überlebt. Anne und Margot waren beide, durch Hunger und Elend geschwächt, im Lager Bergen Belsen an Typhus erkrankt. Als Margot starb, verließ auch Anne endgültig die Hoffnung, wieder ein Leben in Freiheit führen zu können.

Zwei Monate vor der Befreiung starb auch Anne. 3½ Millionen Kinder mußten ihr Leben lassen.

Jahre danach ließ Herr Frank Annes Tagebuch veröffentlichen.«

Annes Leben endete so traurig. Mußte das so kommen?

Was Anne alles aushalten mußte! Ich kann es fast nicht begreifen. Immer wieder male ich mir in Gedanken aus, Anne wäre meine Freundin gewesen . . . Ich kann Anne nicht helfen. Und wiedergutmachen läßt sich auch nichts mehr. Ich fühle mich ganz hilflos und kuschele mich ganz eng an Mama.

»Was geschehen ist, läßt sich wirklich nicht mehr ändern!« sagt mir Mama. »Du kannst aber heute schon daran mitarbeiten, daß sich so etwas nicht wiederholt!«

»Was soll *ich* dafür tun können? Ich bin doch noch viel zu klein!« antworte ich.

»Denk an Mustafa und Aysche«, sagt Mama. »Du hast mit ihnen schon einen kleinen Anfang gemacht. Du hast beide zu deinem Geburtstag eingeladen und ihnen damit gezeigt: Ihr gehört zu uns, genau wie die anderen Kinder. Außerdem kannst du versuchen, ihre Welt kennen- und verstehenzulernen.

Weißt du noch, wie ärgerlich du warst, als Aysche dein Wurstbrot nicht essen wollte? Sicher hast du auch nicht vergessen, daß Aysche nie mit dir ins Schwimmbad gehen durfte, und daß Mustafas und Aysches Eltern ihren Kindern nicht erlaubten, beim Weihnachtsspiel mitzuspielen. Warum tragen die großen türkischen Mädchen immer ein Kopftuch? ›Die sind aber komisch‹, haben du und deine Mitschüler oft gesagt, weil ihr zuwenig über den Hintergrund ihrer Lebensgewohnheiten wußtet.«

Am Tag vor unserer Heimreise sitzen wir noch ein letztes Mal im Schatten unserer Kastanie. Jeder denkt vor sich hin.

»Eigentlich«, meint Papa nach einer Weile, »waren unsere Ferien dieses Mal ganz besonders wertvolle Tage für uns, und ich meine, auch für dich, Rike. Noch nie zuvor haben wir so viele wichtige Gespräche miteinander geführt und Gedanken ausgetauscht. Wir wollen, daß du diese Zeit hier nicht vergißt. Wir haben dir deshalb ein Poesiealbum angelegt. Es soll dich immer wieder an unsere Gesprä-

---

Zur Erinnerung an unseren gemeinsamen Urlaub 1992,
damit Du unsere Gespräche und Gedanken um Anne Frank
niemals vergißt!

Liebe Rike!
Geschehene Dinge lassen sich nicht ändern, aber ich kann dafür
sorgen, daß sie sich nicht wiederholen!
Alles Gute   *Dein Papa*

Liebe Rike, vergiß nie:
Auch der längste Weg beginnt mit dem ersten Schritt!
Viele kleine Leute an vielen kleinen Orten, die viele kleine
Schritte tun, können das Gesicht der Welt verändern.
Für Deine Zukunft alles Gute   *Deine Mama*

che und Gedanken um Anne erinnern. Mama und ich haben schon eingetragen, was uns in diesen Tagen wichtig wurde!«

An so etwas hätte ich zuletzt gedacht! Jetzt besitze ich auch ein Poesiealbum wie Lena. Das habe ich mir schon so lange gewünscht! Einen Kuß für Papa, einen Kuß für Mama und ein ganz ganz großes Dankeschön. Papa und Mama sind richtig gerührt. Und ich habe es plötzlich eilig. Ich setze mich an den Tisch und schreibe an Aysche eine wichtige Karte:

»Liebe Aysche!
Mein Urlaub ist zu Ende. Wenn ich zurück bin, bringe ich Dir gleich mein neues Poesiealbum vorbei. Du kannst Dir schon überlegen, was Du mir für ein Verschen hineinschreiben willst. Sage es auch Mustafa weiter.
Tschüs, bis bald!

Deine Freundin Rike

PS: Grüße auch Lena von mir.«

Anne Franks Leben im Spiegel der Zeitgeschichte

1929   Am 12. Juni wird Anne als zweite Tochter des Ehepaars Otto Frank und Edith geb. Holländer in Frankfurt/Main geboren.

1933   Am 30. Januar wird Adolf Hitler neuer Reichskanzler in Deutschland. Seine Partei, die Nationalsozialistische Arbeiterpartei, die NSDAP, gelangt an die Macht. Es kommt vielerorts zu Ausschreitungen gegen Juden. Jüdische Geschäfte werden demoliert.

Gegen Ende des Jahres verläßt Familie Frank Deutschland. Herr Frank wird Direktor der Travis AG in Amsterdam.

1935   In Deutschland verkündet Hitler die »Nürnberger Gesetze«: Juden sind keine deutschen Bürger mehr. Verhältnisse zwischen Juden und Nicht-Juden werden unter Strafe gestellt.

Anne Frank tritt in die 1. Klasse der Montessori-Schule in Amsterdam ein.

1938   Juden wandern zu Tausenden aus. Allein 20 000 finden in den Niederlanden Zuflucht, politisches Asyl. Es ist die zweite Auswanderungswelle.

Am 10. Mai finden überall in den Universitätsstädten Bücherverbrennungen statt.

Am 9./10. November kommt es in ganz Deutschland zu antijüdischen Ausschreitungen: Synagogen werden in Brand gesteckt, Schaufenster zertrümmert, Geschäfte ausgeplündert.

Juden werden zusammengetrieben und in Arbeitslager abtransportiert.

1939   1. September: Der Zweite Weltkrieg ist ausgebrochen. Die Niederlande erklären sich zum neutralen Land.

Am 10. Mai: Die deutsche Wehrmacht überfällt auch die Niederlande.

Am 15. Mai: Die Niederlande kapitulieren.

Es kommt zu ersten Maßnahmen gegen Juden. Jüdische Beamte werden entlassen . . .

1941   Juden müssen sich registrieren lassen.

400 jüdische Männer werden in Amsterdam willkürlich festgenommen und deportiert. Es kommt zu Proteststreiks.

1942   2. Mai: Auch in den Niederlanden müssen alle Juden den gelben Judenstern tragen.

14. Juni: Anne Frank beginnt ihr Tagebuch.

Im Juli beginnt die Deportation in die Vernichtungslager. Margot, Annes Schwester, erhält eine Aufforderung, sich zum Abtransport einzufinden.

Am 6. Juli taucht Familie Frank unter, in die Prinsengracht.

25 000 Juden verstecken sich. Davon werden später 8000 entdeckt und doch deportiert.

14. Juli: Razzien auf Juden in Amsterdam.

1943   Im Februar: Niederlage der Deutschen Wehrmacht in Stalingrad.
Eine niederländische Widerstandsgruppe steckt das Amsterdamer Stadt-
register in Brand.

1944   Alliierte Truppen landen in Nordfrankreich.
20. Juli: Attentat auf Hitler mißglückt
1. August: Anne schreibt zum letzten Mal in ihr Tagebuch.
Am 4. August werden die Untergetauchten in der Prinsengracht festgenommen und mit dem letzten Transport nach Auschwitz deportiert. Im
Oktober werden Anne und Margot in das KZ Bergen Belsen bei Hannover
gebracht.

1945   Im März sterben Margot und Anne an Typhus. Anne wäre im Juni 16 Jahre
alt geworden.
Am 8. Mai kapituliert die deutsche Wehrmacht. Der Zweite Weltkrieg geht
zu Ende.
3. Juni: Herr Frank meldet sich bei Miep. Er hat als einziger von seiner
Familie überlebt.

Einige Literaturhinweise

Das Tagebuch der Anne Frank. 71. Auflage 1992. Fischer Taschenbuch 11377.

Ernst Schnabel: Anne Frank. Spur eines Kindes. Neuausgabe 1981.
Fischer Taschenbuch 5089.

Miep Gies: Meine Zeit mit Anne Frank. Der Bericht jener Frau, die
Anne Frank und ihre Familie in ihrem Versteck versorgte, sie lange
Zeit vor der Deportation bewahrte – und sie doch nicht retten
konnte. 1987. 256 S.

Inhalt

64